Die perfekten Schottlandreisen

von

Johann Henseler

Inhalt:

Bibliografische Information der Deutschen Nationalbibliothek:

Die Deutsche Nationalbibliothek verzeichnet diese Publikation in der Deutschen Nationalbibliografie. Detaillierte bibliografische Daten sind im Internet über http://dnb.dnb.de abrufbar.

Herstellung und Verlag:

BoD – Books on Demand,

Norderstedt

ISBN 9783749433537

1. Vorgeschichte

Meine Frau studierte bis zum dritten Semester Anglistik und wechselte dann zur Chemie. Ein Wechsel von der Philologie in die Naturwissenschaften war eher ungewöhnlich, zumal sie die englische Sprache sehr gut beherrschte, aber das spielte beim Studium der Anglistik kaum eine Rolle. Wegen des praxisfernen Studienaufbaus, mehr aber noch wegen der unerhörten Blasiertheit der meisten Professoren und Studenten, hatte sie entnervt aufgegeben, blieb jedoch ein Fan der Briten und alles Britischen. Am liebsten mochte sie Schottland, sie mutierte quasi zur Wahlschottin.

Sie kannte sämtliche Songs der Beatles, der Rolling Stones, der Kinks und 20 anderer Bands und Interpreten. Leider konnte sie keiner erfolgreich davon abhalten, die Songs selbst zu singen. Immerhin ergaben sich dadurch kurzweilige Ratespiele, um welchen Song es sich gerade handeln könnte.

Sie probierte die neusten modischen Verrücktheiten aus, die jenseits des Kanals erfunden wurden, und davon wollte sie keiner abhalten, speziell ich sie nicht von der Minirockmode.

Ihre Freundin, die sie Fifchen nannte, studierte mit ihr zusammen Anglistik. Beide fassten den Plan, zu Beginn ihres Studiums eine Reise nach Großbritannien zu unternehmen. Da sie nur über wenig Geld verfügten, reisten sie per Anhalter. Diese Reise, die sie bis nach Schottland führte, hinterließ einen so nachhaltigen Eindruck auf meine spätere Frau, dass sie die folgenden 40 Jahre davon immer mal wieder eine Episode in Erzählungen einfließen ließ. Auch wenn man diese Anekdoten nach einigen Jahren sehr gut kannte, ließ sie sich dadurch in ihrem

Erzählfluss nicht hemmen, sie erzählte das oft Gehörte aufs Neue, weil sie selbst die Erinnerung daran genoss.

Da ging es um Zweipfennigmünzen, die in die Sixpence-Automaten passten und die sie und Fifchen daher stapelweise mitnahmen, und mit denen sie weitgehend in Form von Schokoriegeln und Cola in Dosen ihre Ernährung bestritten und in London die U-Bahn-Fahrten bezahlten.

Da wurde immer wieder von ihr betont, dass die einzig wirksame Diät die Fifchen-Schokoladen-Diät sei, infolge der sie in kurzer Zeit 5 kg abgenommen habe. Fifchen hatte in kongenialer Weise die schottische Sparsamkeit adaptiert und praktisch umgesetzt, indem sie die Schokolade in kleine Rippchenrationen einteilte und sich nicht durch noch so flehentliche Appelle erweichen ließ, diese Rationen öfter als drei Mal am Tag zu verabreichen oder gar üppiger zu gestalten.

Da wurde ausgiebig jedes Mal über einen Angestellten der Fähre gelacht, bei dem sie sich während der Überfahrt auf den Schoß gesetzt hatte und nach einer Weile bemerkte, dass er offensichtlich eine Salami im oberen Teil seines Hosenbeines versteckt hatte.

Sie posierte neben dem Wachsoldaten am Tower und brachte ihn zum Lachen und sie kaufte sich ein Minikleid mit dem Muster des Union Jack.

Um die Kosten niedrig zu halten, besuchten sie und Fifchen eine gemeinsame Bekannte, die dem Küchenpersonal von Butlin's Holydaycamp angehörte und von der beide sich eine kostenlose Verpflegung erhofften. Der Zugang zum Camp wurde jedoch streng kontrolliert. Daher mussten sie nachts über den Zaun kletterten, mit dem - einem Straflager ähnlich – das Camp umgeben war. Ihre Bekannte versorgte sie tatsächlich mit Kalorien. Da dieses

Feriencamp den Charme eines Hochsicherheitstrakts ausstrahlte, verließen sie die Gefängnisanstalt für zahlende Freiwillige bereits nach einem Tag.

Sie trampten bis Schottland, wobei der Eismann noch erwähnt werden muss, der es ihnen erlaubte, während der Fahrt so viel Eis zu essen, wie sie wollten. Das hatte zur Folge, dass meine zukünftige Frau danach Eis nicht mehr gerne mochte und dass das Angebot bei einem meiner ersten Annäherungsversuche („Darf ich Sie zu einem Eis einladen?") ziemlich barsch von ihr ausgeschlagen wurde („Eis? Mag ich nicht. Bier wäre mir lieber!").

Meine Zukünftige sah viel in den drei Wochen ihrer Reise, aber längst nicht all das, was sie sehen wollte, nämlich alles. Dieser Wunsch blieb in ihr lebendig, auch wenn sie lange auf seine Erfüllung warten musste.

Erst nach über 40 Jahren ergab sich die Möglichkeit, erneut eine lange Reise in ihre Lieblingsregion zu unternehmen: Eine perfekte Traumreise auf die Britischen Inseln, speziell nach Schottland, sollte es werden. Trotz meiner Skepsis, die sie als beginnenden Altersstarrsinn interpretierte, hatte ich ihr meine zögerliche Zustimmung dazu bereits gegeben.

Um uns selbst einem gewissen Druck auszusetzen, nach der gemeinsamen Pensionierung tatsächlich auf die Britischen Inseln zu fahren, wünschten wir uns als Abschiedsgeschenke von den Kollegien ausschließlich Reiseliteratur über unser angestrebtes Ziel. Durch den Stapel von Büchern ergab sich eine immense Anzahl möglicher Besichtigungsziele, vor deren Auswahl ich schon im Vorhinein kapitulierte.

Als die Reisezeit konkreter geplant und schließlich festgesetzt wurde, war der

Startschuss für die Vorbereitungen meiner Frau gefallen. Vorbereitung bedeutete in ihren Augen die minutiöse Auflistung aller irgendwie in Büchern oder Karten vermerkten Hinweise auf Sehenswürdigkeiten, sowie diese zu beschreiben und deren Abfolge in der Reise zu bestimmen: ein irrer Aufwand von wochenlanger Arbeit, die ihr aber in Erwartung der Reise Spaß machte und während der sie bei Strafe von schlechter Laune keiner stören durfte.

Schon während der Vorbereitungen beschlich mich das Gefühl, dass die geplanten Besichtigungen aller Sehenswürdigkeiten eher einer hektischen Abarbeitung glich, die frühestens von unseren Enkelkindern nach deren Pensionierung zu Ende gebracht werden könnte, nicht aber von uns, es sei denn, wir planten am Tag ca. 20 verschiedene Orte zu besuchen. Als ich diesen Einwand erhob, wurde er damit entkräftet, dass wir dann eben oft und lange auf die Britischen Inseln reisen müssten, schließlich bereite sie ja alles vor. Als ich dann vorschlug, weniger vorzubereiten, erhielt ich die Antwort: „Dann sehe ich ja nicht alles!"

Ich traute mich nicht zu sagen, dass das vielleicht nicht so wichtig wäre.

Für eine perfekte Reise ist alles wichtig.

2. Abfahrt

„Wir müssen um 8 Uhr spätestens aufstehen, weil wir das Auto noch mit Gepäck beladen müssen!", forderte meine Frau am Vorabend unseres Reisebeginns.

„Bis Ijmuiden sind es bei gemütlicher Fahrt drei bis vier Stunden, die Fähre geht um 16.00 Uhr. Eigentlich ist 8 Uhr ein bisschen früh, aber ist schon in Ordnung!", war meine Meinung.

Am nächsten Morgen läutete der Wecker erst um 9 Uhr, weil meine Frau ihn falsch gestellt hatte.

„Das kommt dir doch sogar entgegen!", meinte sie und ich musste ihr Recht geben.

Um 11 Uhr waren wir bereit zur Abfahrt.

Wenn das Wort „Abfahrt" so ausgesprochen würde, wie die Abfahrt bei uns in den Urlaub stattfindet, würde die Aussprache des Wortes der eines

Menschen ähneln, der unter einem schweren Sprachfehler leidet, nämlich „A-A-Abfahrt". Denn regelmäßig, so auch diesmal, gibt es mehrere Anläufe, bis tatsächlich die Abfahrt in den Urlaub von uns vollbracht wird.

Folgendes Ritual spielt sich ab:

Nach dem Verriegeln der Haustür wird der erste Abfahrtversuch erst dann gestartet, wenn meine Abfrage nach „KRAM" positiv beschieden worden ist: „ **K**nete, **R**eiseunterlagen, **A**usweise, **M**edizin und sonstiger Kram, alles drin?"

Diese Kontrollfrage habe ich mir angewöhnt, seitdem wir bei einer Fahrt nach Ungarn erst nach 500 km in Nürnberg mitten in der Nacht feststellten, dass wir unsere Ausweise vergessen hatten, deshalb wieder 500 km zurückfahren mussten und am Morgen nach 1000 km Fahrt wieder um 7 Uhr da waren, wo wir am Tag vorher gestartet waren. Dann konnten wir die

Ausweise nicht finden. Meine Frau klingelte mit dem Telefon ihre Mutter aus dem Bett. Am Tag vorher hatten wir sie besucht, vielleicht hatten wir sie da vergessen. Die Mutter suchte nun ebenfalls, gab aber nach einer halben Stunde auf: Dort waren die Ausweise nicht. Wir suchten weiter, bis ich nach einer Stunde in einer Einkaufstasche in der Abstellkammer mehr zufällig fündig wurde. An der ungarischen Grenze wurden wir einfach durchgewunken.

Kurz nachdem wir endlich losgefahren sind, fällt meiner Frau noch vor der nur 200 m entfernten Ampel etwas ein, was sie vergessen hat: das Adressbuch für Grußpostkarten, die Thermokanne für Kaffee, ihre Teebeutel mit grünem Tee, wobei der vergessene Eierpikser das Unverzichtbarste der lebenswichtigen Dinge darstellte, für die eine Umkehr unerlässlich war.

An der Ampel biege ich also, anstatt links zur Autobahn, meist rechts ab, fahre um den Block und halte wieder vor dem Haus. Die Haustür wird entriegelt, das vergessene Objekt geholt, die Haustür wird wieder verriegelt, der zweite Abfahrtsversuch beginnt.

Dann werde ich ins Gebet genommen: „Hast du alle Fenster verriegelt? Auch die Terrassentür? Ist die Heizung ausgestellt? Sind alle Herdplatten ausgestellt?"und bei einer dieser oder ähnlicher Fragen bin ich mir nicht mehr ganz sicher, sie mit „ja" beantworten zu können. An der Ampel fahre ich wieder rechts um den Block: halten, Tür entriegeln, kontrollieren, Tür verriegeln, erneut losfahren.

Der dritte Versuch gelingt meist, so war es auch diesmal. Allerdings wurde der nächste Halt bereits nach ca. 1 km nötig, da ich vergessen hatte, vorher vollzutanken und Öl nachzufüllen. Um 12 Uhr waren wir endlich auf der Autobahn, wir hatten immer noch reichlich Zeit für die Fahrt. Die Zeit begann aber knapp zu werden, als wir vor Utrecht an einer Baustelle in einen Stau gerieten.

„Du wollest ja nicht so früh aufstehen, das hast du jetzt davon!", meinte meine Frau missmutig.

„Wenn ich mich recht erinnere, hast du doch den Wecker auf 9 Uhr gestellt!", rechtfertigte ich mich.

„Ja, aber das war ein Irrtum. Ich wollte das nicht, du fandest das aber gut und hättest es von Vorneherein so gemacht. Also bist du schuld."

Durch die zweifelhafte Klärung der Schuldfrage gewannen wir allerdings keine zusätzliche Zeit. An eine Essens-Pause war jetzt nicht mehr zu denken. Wir aßen irgendeine Kleinigkeit im Auto. Als wir unser Ziel um 15.30 Uhr erreichten, hatten wir wieder Hunger.

In Ijmuiden, von wo aus wir die Fähre nach Newcastle gebucht hatten, blieb gerade noch Zeit, Kibbeling, also Backfisch, mit Pommes, bis zur Abfahrt zu essen, besser: in uns reinzuschlingen. Meine Frau bestellte die doppelte Portion Remouladensoße, weil sie ihr besonders gut schmeckte, ich verzichtete ganz darauf. Das hatte aber sowieso für mich keine Bedeutung, da mein Kibbeling ohne Remouladensoße nicht bei mir bleiben wollte. Er rutschte mir aus der Hand und verzierte das Hafengelände, allerdings nur für kurze Zeit, weil sich sofort ein Schwarm Vögel darauf stürzte und in Windeseile alles auffraß. Meine Frau bot mir einen Teil ihrer Remouladenmatsche an, ich verzichtete dankend. Immerhin gab es ja noch die Aussicht auf ein opulentes Menu am Abend, das wir auf der Fähre gebucht hatten.

Wir bezogen gerade unsere Kabine, als sich bei meiner Frau die Folgen der Remouladensoße bemerkbar machten: Sie hatte Durchfall. Die Zeit bis zum vorbestellten Menu verbrachte sie weitgehend auf der Toilette. Gegen 20 Uhr schlief sie vor Erschöpfung ein, ich versprach wach zu bleiben, schlief aber ebenfalls ein. Um 23 Uhr wurden wir wach, meiner Frau ging es wieder gut, das Menu hatten wir allerdings verschlafen.

Ziellos irrten wir auf dem Schiff umher. Schließlich warf ich aus Frust 10 Pfund in einen Spielautomaten, von dem ich keine Ahnung hatte, wie er funktionierte, und gewann aus unerfindlichen Gründen 150 Pfund. Wir beschlossen, den Gewinn in der Nacht-Bar in Alkohol umzusetzen, wobei uns die astronomischen Getränkepreise völlig kalt ließen. Da wir beide kräftig tranken, war die gewünschte Wirkung bald erreicht, nämlich den Auftakt unserer Reise als gelungen zu empfinden.

3. Ankunft

Die Schließanlage unseres Autos entwickelte ab 300000 km ein Eigenleben. Beim Abschließen brummte sie eine Minute vor sich hin und danach hing es vom Zufall ab, welche Türen abgeschlossen waren. Die beiden hinteren Türen mussten schließlich von Hand mit dem Schließknopf verriegelt werden, die Kofferraumklappe erhielt ein anderes, separates Schloss. Bevor man irgendeine Tür öffnete, musste erst die Fahrertür entriegelt werden, sonst ertönte das nervenzerfetzende Hupen der Alarmanlage, das erst dann aufhörte, wenn die Fahrertür geöffnet wurde.

Vor der Ankunft in Newcastle wurden wir gebeten ins Auto zu steigen, um das Schiff zügig verlassen zu können. Wegen unseres ausgedehnten Besuchs der Nacht-Bar hatten wir lange geschlafen und waren spät dran, fast alle anderen Passagiere saßen schon in ihren Wagen. Neben uns parkte sehr eng ein englisches Fahrzeug, bei dem sich bekanntlich das Steuer auf der rechten Seite befindet, so dass dessen und unsere Fahrertüren eng nebeneinander standen. Gerade als ich meine Fahrertür entriegeln wollte, öffnete der Fahrer des neben uns stehenden Autos aus irgendeinem Grund die Fahrertür und schlug sie gegen meinen Ellenbogen. Mein Schlüsselbund fiel mir aus der Hand, ausgerechnet durch eine Lücke zwischen den Stahlplatten des Parkdecks auf das LKW-Parkdeck unter uns.

Als ich die Tragweite des Vorfalls begriff, begann ich einen Veits-Tanz vor dem Wagen des Engländers, verbunden mit verbalen Attacken, was jedoch ein recht abruptes Ende fand, als ich der bulligen Gestalt eines gereizten Mittvierzigers gegenüberstand, dessen Hemmschwelle zu Tätlichkeiten mir niedrig zu liegen schien.

Jetzt musste der Zweitschlüssel her, in unserem Fall die Zweitschlüssel für die verschiedenen Schlösser. Das war ein wunder Punkt. Wer zählt die Stunden, die ich schon damit verbracht hatte, die Zweitschlüssel in nahezu allen Räumen unserer Wohnung zu suchen, die Taschen von Hosen, Jacken und Westen zu filzen, Ablagen zu kontrollieren, den Wagen zu durchsuchen – und das möglicherweise mehrmals. Irgendwo, manchmal nach Tagen, wurden sie dann entdeckt, manchmal in der ehefraulichen Handtasche, die unter dem Schlüsselbrett meist offen steht und in die sie hineingefallen waren. Für diese Fahrt hatte ich versprochen, die Schlüssel mitzunehmen, sie auf keinen Fall zu verlieren und sicher zu verwahren.

Wofür braucht man Ersatzschlüssel, wenn man gar nicht fährt? Gar nicht! Ich hielt sie daher während der Überfahrt sicher verwahrt im Handschuhfach. Als meine

Frau das erfuhr, äußerte sie eine Einschätzung meines IQ, die ich nicht wiedergeben möchte.

Ich lief zu einem Mitglied der Schiffscrew und bat zu versuchen, ob man auf dem LKW-Parkdeck die Schlüssel finden könne. Das lehnte der Mann rundweg ab mit dem Hinweis, dass die Schlüssel auch auf ein Lkw-Dach gefallen sein könnten.

Inzwischen hatte das Schiff angedockt und die LKW verließen die Fähre, bestimmt einer mit meinen Schlüsseln auf dem Dach, nahm ich an.

Dann waren die PKW an der Reihe das Schiff zu verlassen. Als wir außerhalb von unserem Auto stehen blieben und uns keinen Millimeter bewegten, begann ein Hupkonzert, bis die hinter uns parkenden Wagen schließlich quietschend an uns vorbei jagten.

Schließlich standen wir hilflos mutterseelenallein auf dem Parkdeck. Ein Mitglied der Crew teilte uns mit, dass für uns ein Abschleppwagen bestellt worden sei, da in Kürze die vor dem Schiff wartenden Wagen auf die Fähre führen und diese vorher vollkommen entladen sein müsste. Das versprach teuer zu werden.

Da hatte meine Frau die rettende Idee: „Normalerweise kann man sich bei dir auf eins verlassen: auf deine Schlampigkeit. Vielleicht hast du ein Schloss nicht richtig verriegelt."

Ich zog sofort an allen Türen und tatsächlich war die rechte hintere Tür nicht ganz verriegelt, mit einem kräftigen Ruck schaffte ich es sie zu öffnen. Sofort begann die Alarmanlage zu hupen, was in dem leeren Schiff einen unerträglichen Lärm verursachte und zwei Crewmitglieder dazu veranlasste, zu uns zu spurten. Bevor sie uns erreichten, hatte ich schon den Zweitschlüssel aus dem Handschuhfach geholt und die Fahrertür entriegelt, was den Alarm zum Schweigen brachte.

Erleichtert setzten wir uns ins Auto, da fuhr der Abschleppwagen vor. Der Fahrer ließ sich nur mit 50 £ über den entgangenen Auftrag hinwegtrösten. Gerade als wir endlich losfahren wollten, brachte das von mir zuerst angesprochene Crewmitglied uns strahlend die gefundenen Schlüssel, wofür wir uns bei ihm mit 20 £ bedankten. Dann konnten wir das Schiff verlassen.

Längst waren alle Wagen an der Passkontrolle und am Zoll abgefertigt worden, so dass kein Kontrollposten mehr besetzt war. Daher konnten wir nicht passieren. Erst in ca. 2 Stunden würden die Kontrollposten wieder besetzt sein, wenn die nächste Fähre ankommen würde. Das hieß: warten. Inzwischen hatten wir Zeit genug, für den englischen Fahrer immer neue Beschimpfungen zu ersinnen, die letzten Schamschwellen waren dabei gefallen.

Endlich strömten die Fahrgäste von der nächsten Fähre, die Schalter waren wieder geöffnet und wir waren die Ersten. Kaum hatten wir unsere Papiere vorgelegt, wurden wir von einem Offiziellen aus der Reihe herausgewunken: Im Computer waren wir nicht als Fahrgäste dieser Fähre vermerkt, vielleicht waren wir ja illegale Einwanderer! Ich erläuterte die Zusammenhänge, aber erst als der letzte Fahrgast abgefertigt worden war, überprüfte man unsere Angaben und fand sie bestätigt.

Wir durften endlich auf britischen Boden, allerdings wäre ich am liebsten direkt wieder zurückgefahren.

4. Hadrian´s Wall

Die römischen Kaiser als Herrscher über England fürchteten die streitbaren Bewohner des heutigen Schottlands wegen ihrer Überfälle. Kaiser Hadrian veranlasste daher in der Nähe der heutigen schottischen Grenze den Bau einer Mauer quer über die Insel, um die Schotten fernzuhalten, eine Idee, die einige Schotten am liebsten wieder aufleben lassen würden, jedoch mit der geänderten Zielsetzung, dass die Mauer zukünftig als Invasionsschutz gegen die Engländer dienen sollte, da diese, nach Meinung vieler Schotten, durch Einwanderung allmählich die Schotten enteignen und überfremden.

Diese Mauer ist heute eher ein Mäuerchen, aber eben noch sichtbar, und sie stellt eine Touristenattraktion ersten Ranges dar. An landschaftlich besonders reizvollen Stellen sind Parks vom National Trust eingerichtet.

Wir hatten uns eine besonders schöne Stelle ausgesucht: mit einem tiefblauen See vor einem Steilfelsen, auf dem die Mauer verlief, und mit einer großen Picknickwiese vor dem See. Ein Schild informierte uns, dass wir an einem Automaten einen Eintrittspreis von 4 £ zu entrichten hätten, was wir als Beispiel englischer Folklore amüsant fanden. Die Forderung ignorierten wir souverän, obwohl bei Nichtbefolgung eine Strafe von 50 £ angedroht wurde.

Auf unserem Spaziergang bei herrlichstem Wetter ergab sich mehrmals Gelegenheit mit anderen Touristen zu reden, wobei wir schließlich an einen älteren Herrn gerieten, mit dem ich eine Diskussion über den Einfluss der römischen Periode auf die gesamte britische Geschichte führte. Es stellte sich heraus, dass er ein kenntnisreicher Aufpasser des National Trust war, der schließlich die Frage nach der Eintrittskarte stellte, ohne uns die

Peinlichkeit zu ersparen, Ausreden zu erfinden.

Ich murmelte etwas von „Ausländern", von „nicht kennen" und „übersehen", gespickt mit vielen „Sorry", dabei eine auf unschuldig getrimmte Miene ziehend, aber der Bedienstete bestand mit der den Briten eigenen unerbittlichen Höflichkeit auf Zahlung des Bußgeldes, das ich schließlich beglich und dabei noch froh war, dass ich mich auf seine Diskretion verlassen konnte und er den Vorfall nicht dem Publikum mit dem Megaphon als warnendes Beispiel präsentierte.

Nunmehr war ich wild entschlossen, wegen der nun enormen Besichtigungssumme möglichst alle Leistungen in Anspruch zu nehmen. Mitten auf der Picknickwiese war eine kleine Betonfläche. Diesen Platz mit der besten Aussicht belegten wir mit unserer wackligen Campingausrüstung und genossen diesen „Millionärsblick" während unseres ausgedehnten Mittagsmahls.

Sämtliche Fotos, die in dieser Zeit von Touristen aufgenommen wurden, hatten uns als Mittelpunkt. „Wenn ich schon für Besichtigungen so viel bezahlen muss, ohne mehr zu sehen als üblich, soll man als Kompensation eben uns sehen!", war meine Meinung dazu. Wenn demnächst irgendwo ein Bild dieser Landschaft mit uns als Touristen auftaucht, werde ich den Verlag auf Zahlung eines Honorars nebst Spesen verklagen.

Abends ließen wir in einer etwas zwielichtigen Vorstadtkneipe den Tag mit Bier ausklingen. Am Nebentisch saß eine junge Frau mit blond gefärbten Haaren und grün lackierten Fingernägeln, über deren offensichtliches Interesse an mir ich mir keine Illusionen machte. Ihre Geschäftswerbung bestand darin, dass sie ihre Beine spreizte und mir ihre blaugeblümte Unterhose zeigte.

Nachdem sie gemerkt hatte, dass ich offensichtlich nicht gewillt war, ihre angebotene Aussicht als touristischen Besichtigungshöhepunkt zu klassifizieren, wandte sie sich in eine andere Richtung, um dort zu versuchen, mit ihren Auslagen erfolgreicher Interesse zu wecken.

Zumindest wurde ich für diese Besichtigung nicht zur Kasse gebeten.

5. Geldprobleme

Es nagte an mir, dass unsere bisherigen Ausgaben wesentlich höher ausgefallen waren, als geplant. Vor allem die Eintrittspreise schienen mir reichlich überhöht zu sein, selbst wenn für uns als Rentner reduzierte Preise galten.

In Stirling Castle ließ ich mich, als der bereits reduzierte Preis an der Kasse genannt wurde, dazu hinreißen, die Kassiererin zu fragen, ob sie den Preis für die Eintrittskarte nicht mit der ersten Rate für den Kauf der Burg verwechselt habe. Daraufhin wurden unsere Ausweise einer genauen Prüfung unterzogen, was geraume Zeit dauerte, die durch die Kommentare meiner Ehefrau bezüglich meines losen Mundwerks abwechslungsreich verlief.

Der abendliche Kassensturz belegte einen bereits erheblichen Mangel an Bargeld.

Es war also notwendig, mittels einer unserer drei mitgenommenen Sparcards am Geldautomaten Geld zu ziehen. Der erste Automat war schnell gefunden, die Daten wurden eingegeben, der Vorgang jedoch vom Automaten abgebrochen. Vielleicht hatten wir uns bei der Eingabe vertippt, also versuchten wir es nochmal: Erneut wurde der Vorgang abgebrochen. Also musste es an unserer Karte liegen. Bei den beiden anderen hatten wir ebenfalls keinen Erfolg: Also musste es am Geldautomaten dieser Bank liegen. Wir wiederholten die Prozedur mit allen drei Karten an zwei weiteren Automaten anderer Banken und kamen zum selben Ergebnis, nämlich zu keinem.

Der Abend war schon weiter fortgeschritten und eine ergebnislose Beschäftigung mit schottischen Geldautomaten ist wenig sinnstiftend, also sank die Laune beträchtlich. Erst als ich auf die Idee kam, es mit der Kreditkarte zu versuchen, waren wir erfolgreich. Nun wollten wir diese Gunst der Stunde auch nutzen, damit wir nicht Gefahr liefen, eines Tages ohne Geld da zu stehen. Wir hoben in mehreren Vorgängen eine solch astronomische Summe ab, dass sie gereicht hätte, Al Capones Steuerschulden einschließlich der aufgelaufenen Zinsen zu begleichen.

Das sollte später ungeahnte Folgen haben.

Im Zimmer angekommen, wollte ich den Stand unseres Girokontos überprüfen. Ich hoffte, dass die Krankenkasse meine Vorauszahlung von 1000 € für ärztliche Leistungen zurückerstattet hatte. Während ich das freie W-Lan des Hotels nutzte, erinnerte mich meine Frau daran, dass ich ihr schon mehrere Vorträge gehalten hätte über den leichtsinnigen Umgang mit sensiblen Daten, was die Internetkriminalität geradezu provoziere.

Ich reagierte mit einer wegwerfenden Handbewegung und öffnete mein Girokonto mit Online-Banking. Erfreut und erstaunt stellte ich fest, dass die in Grün gehaltene Zahl der Gutschrift meine Erwartungen sogar um 100 € überstieg und mein Kontostand um 400€ höher war als der, an den ich mich erinnerte.

Ich beendete das Online-Banking und teilte die Neuigkeiten Hildegard mit.

„Das glaube ich nicht!", meinte sie lakonisch.

„Aber wenn es doch da steht!", reagierte ich gereizt mit deutlich lauterer Stimme.

„Da hast du dich verlesen!"

„Du hältst mich wohl für total bekloppt! Ich kann es dir ja zeigen!", und ohne eine Antwort abzuwarten, loggte ich mich wieder ins Online-Banking ein.

Als ich das Girokonto erneut aufrief, traute ich meinen Augen nicht: Die Gutschrift von 1100 € war verschwunden, als hätte es sie nie gegeben.

„Das Geld ist weg! Die Gutschrift gibt es nicht mehr!", stieß ich hervor.

„Und du bist dir sicher, dass du die Gutschrift gesehen hast?"

„Ja!"

„Wenn etwas da war und jetzt ist es weg, dann hat es einer genommen!", sagte sie mit entwaffnender Logik.

„Ich weiß, du hast mich gewarnt!", murmelte ich zerknirscht. „Ich muss auf jeden Fall mit der Postbank sprechen!"

Doch die freundliche junge Frau an der Hotline wollte mir am Telefon keine Auskunft über Kontobewegungen geben, obwohl ich nur wissen wollte, ob 1100 € eingegangen oder abgehoben worden waren. Mit Engelszungen versuchte ich sie zu überreden. „Sprechen Sie persönlich vor oder wählen Sie die schriftliche Form!", hieß es jedoch nur. Damit war mir nicht geholfen.

Den ganzen Abend loggte ich mich immer wieder bei der Postbank ein, die Gutschrift von 1100 € blieb verschwunden. Als Erstes am nächsten Morgen, noch im Halbschlaf, loggte ich mich wieder ein.

„Da ist es wieder!", schrie ich förmlich, so dass meine Frau aus ihrem Schlaf hochschreckte.

Wortlos nahm sie mir das Tablet aus der Hand, warf einen Blick darauf und meinte gähnend: „Was soll ich mit dem Demo-Konto? Ich weiß, wie das geht!"

Ich hatte tatsächlich das Demo-Konto mit einer Beispiel-Gutschrift von 1100 € mit meinem eigenen Konto verwechselt.

An diesem Morgen fühlte ich mich durch mich selbst gedemütigt.

6. Essen auf Herrensitzen

Es gibt in Schottland fast keinen Herrensitz, kein Schloss und keine Burg, die wir nicht besucht hätten. Ich bringe kaum die Namen noch zusammen und bei der Zuordnung von Bau und Ausstattung zu den Namen produziere ich ein wirres Durcheinander.

Zwei Herrensitze bilden davon eine Ausnahme: Balmoral und Blair Castle.

Das erste fürstliche Attribut des königlichen Schlosses von Balmoral ist die Höhe des Eintritts. Um die Privatsphäre der königlichen Familie zu schützen, gibt es fast nichts zu sehen, außer einem ziemlich hässlichen Ballsaal mit einer verstaubten Ausstellung. Dennoch zieht die imaginäre Nähe des Königshauses Besuchermassen an, die wohl hoffen, dass vom königlichen Glanz auch etwas auf sie abstrahlt.

Irgendwann endet auch bei dem hartnäckigsten Royalisten das Stadium der

Entrücktheit und profaner Hunger stellt sich ein. Dafür gibt es ein Café mit Preisen eines Fünfsterne-Restaurants und dem Charme einer Kirmesbude. Immerhin war auf einer eigens hingestellten Tafel als besonderes Gericht „Schottisches Lamm mit Kartoffelpüree" angekündigt. Das schien mir verheißungsvoll zu sein. Am Tresen bekam ich es auf den Teller geklatscht.

Die englische bzw. die schottische Küche genießt meist keinen guten Ruf. Wenn ich das Gericht „Schottisches Lamm mit Kartoffelpüree" als Maßstab für die Güte der britischen Küche nehme, ist das geschmackliche Niveau auf einer Skala, die vom Erdboden bis zur Spitze des Empire State Building reicht, im Bereich der Bordsteinkante anzusiedeln. Das schottische Lamm war offensichtlich in eine Häckselmaschine gefallen und dann mit Knochen, Innereien und Wolle zu einer schwarzen Paste verarbeitet worden, deren

Geschmack es durchaus mit dem eines guten Bitumen-Reparaturkitts aufnehmen konnte. Nicht mal der Hunger trieb es rein. Auf meiner Frau lastete aber solch ein Identifizierungsdruck mit allem Schottischen, dass sie ihr Essen mit meinem tauschte und dann tapfer behauptete, Lammpaste sei essbar. Immerhin hat sie es überlebt.

Blair Castle hat eine eigene Privatarmee und einen eigenen Dudelsackspieler. Während man die Privatarmee nur einmal im Jahr sehen kann, ist der Dudelsackspieler ganzjährig tätig, und zwar zu jeder vollen Stunde. In schottischer Nationaltracht tritt er vor das Gebäude und pfeift auf dem Dudelsack drei Lieder, wobei er mit dem Fuß sich selbst den Takt vorgibt. Unabhängig davon, ob es regnet oder ob die Sonne scheint, ob er kurzfristig ein willkommenes Fotomotiv von Touristen darstellt, deren Interesse jedoch schnell erlahmt, oder ob er mutterseelenallein auf dem riesigen Burgvorplatz steht: Stets spielt er sein Pensum, um danach wieder in der Burg zu verschwinden. Natürlich reizte es mich, die Präzision dieses lebendig gewordenen Pflichtprinzips kennen zu lernen.

Womit kann man einen Schotten ködern? Wir bauten in Sichtweite des Berufsschotten unseren Picknicktisch auf und beluden ihn mit festländischen Köstlichkeiten, mit italienischem Schinken, französischem Rotwein und deutschem Kuchen und Süßigkeiten. Danach wartete ich geduldig, bis er nach der nächsten vollen Stunde sein Pensum abgespielt hatte, um ihn dann einzuladen. Er war zwar sehr verwundert, sagte aber zu. So kam er in den Genuss anderer Geschmackserfahrungen, worüber er voll des Lobes war, und wir in den Genuss eines Einblickes in die Seele eines jungen Highlanders.

Sein Vater hatte, als Offizier der Privatarmee, ihm die Prinzipien des wahren Schottentums vermittelt: Schottland ist keine kleine Nation am Rande Europas, sondern war in der Geschichte und ist auch heutzutage eine große Nation, die nur das Pech hatte, dass die gierigen und verräterischen Engländer sie unterdrückte und dies bis heute noch tun. Alle, die gegen eine staatliche Unabhängigkeit Schottlands sind, sind entweder Engländer, die sich in Schottland im Rahmen einer strategisch geplanten Unterwanderung des schottischen Volkstums niedergelassen haben oder schottische Renegaten, die ihre Seele an England verkauft haben und damit keine Schotten mehr sind. Diese Pseudo-Schotten leben in den schottischen Lowlands, während die wahren Schotten in den Highlands leben. Leider wohnen in den Highlands weniger wahre Schotten als Abtrünnige in den Lowlands, und so gelingt es England wiederum, den wahren Willen der wahren Schotten zu verfälschen und daraus Kapital zu schlagen.

Während er tapfer den angebotenen Genüssen zusprach, versprach er, auch weiterhin tapfer für das wahre Schottentum zu kämpfen. Als Wegzehrung für seinen langen Kampf packten wir ihm noch Kuchen und Schinken ein, er wird es gebrauchen können.

7. Pipes and drums

Im kalendarischen Sommer findet in der schottischen Hauptstadt jährlich ein internationales Festival statt. Das wollten wir besuchen und als Höhepunkt freuten wir uns schon auf den Military Tattoo am Abend.

In Schottland muss man den Kalender zu Rate ziehen, wenn man sicher sein will, dass Sommer ist, am Wetter kann man es jedenfalls nur selten erkennen.

So war es an diesem Tag: Es regnete ununterbrochen. Die auftretenden Straßenkünstler hat man wahrscheinlich erst engagiert, als sie ihre Eignung für das schottische Klima dadurch nachwiesen, dass sie ihr Programm unter einer laufenden Dusche gezeigt hatten. Trotz des Dauerregens führten sie ihre Späße und akrobatischen Kunststücke vor, wobei sich einige ihrer Oberbekleidung entledigten, weil sie sowieso keinen Schutz mehr bot.

Auch unsere Kleidung war allmählich nicht mehr wasserdicht. Wir flohen in ein überfülltes Café, das auch chinesischen Regenschutz in Form von Ganzkörperkondomen anbot, die wir uns für die Abendvorstellung zulegten.

Abends, beim Anstellen in 20iger-Reihen, goss es weiterhin, während der Wartezeit von einer Stunde schützten die Regenschirme vor den größten Wassermassen. Dann setzte sich die menschliche Lawine in Bewegung. Vor dem eigentlichen Eingangstor mussten alle Schirme geschlossen werden, mit der offiziellen Begründung, dass die Sicht nicht behindert werden sollte. Tatsächlich sollte sich wohl keiner dem touristischen Härtetest zum buchstäblichen Eintauchen in die schottischen Umweltbedingungen entziehen können.

Der Military Tattoo findet auf dem Burgvorplatz statt, an dessen Seiten die nicht überdachten Zuschauertribünen stehen. Die Sitze waren nass, und als es allmählich dunkler wurde, sank zudem noch die Temperatur empfindlich. Neben mir saß eine junge Japanerin, die völlig begeistert das Spektakel aus Tanz, pipes and drums, also Dudelsack und Trommeln, Aufmärschen und Vorführungen filmte, wobei ihre Wangen vor Aufregung gerötet waren. Der prasselnde Dauerregen und die zunehmende Kälte hatten sie jedoch nach einer Stunde so demoralisiert, dass sie wie ein Häufchen Elend mit grau-weißem Gesicht zusammengesunken auf der Bank saß. Nur unsere Ganzkörperkondome schützten uns vor einem ähnlichen Schicksal.

So toll fand meine Frau auch den - ich weiß nicht wievielten - Aufmarsch von bärtigen Männern im Kilt, die quäkende Töne von sich gaben, die blechern trommelten oder Stangen trugen und dabei kreuz und quer durcheinander marschierten, dass sie die nächste Gelegenheit wahrnehmen wollte, etwas Ähnliches erneut zu erleben.

Ich freute mich aus Solidarität auch darauf, hoffte aber, enttäuscht zu werden.

Beim abendlichen Aufwärmen im Pub startete Hildegard eine Publikumsbefragung, ob es noch weitere pipes-and-drums-Veranstaltungen gebe. Leider gab es einen freundlichen, gut informierten Kellner, der uns mitteilte, dass zur Zeit in Glasgow die Weltmeisterschaft der pipes-and-drums-Gruppen stattfände mit Teilnehmern aus Neuseeland, Südafrika, Australien, Kanada, Irland usw. und natürlich aus Schottland. Wir könnten ja im „Premrin" übernachten, riet er uns.

Am nächsten Tag bezogen wir also Quartier im „Premier Inn" und begaben uns zum Austragungsort der Weltmeisterschaft, einem großen Parkgelände mitten in der Stadt. Leider war wunderbares Wetter, was einen langen Aufenthalt wahrscheinlich machte.

Mindestens 30 verschiedene Gruppen standen in ihren Uniformen auf dem Gelände herum und übten bzw. spielten sich ein für ihren großen Auftritt auf einem Platz mit Zuschauertribünen und offizieller Wertung.

Bis dahin drangen wir gar nicht vor.

Bei jeder Gruppe blieb meine Frau stehen, verfolgte die Übungsanstrengungen und blieb bis zur Generalprobe. Nach dem zehnten Gruppenbesuch konnte auch die härteste mir bekannte Verfechterin der These, dass pipes and drums zu den größten Errungenschaften der globalen Hochkultur gehören, wegen Kopfschmerzen und drohendem Hörsturz nicht umhin, ihr Interesse anderen hochinteressanten Nebenwettbewerben zuzuwenden. Dazu zählten Fahnenwerfen, Taktstockwerfen, Taktstock-Einzelmarsch,

Taktstock-Gruppenmarsch und ähnliche sportlich-musikalische Aktivitäten, die es jedem ungelenken bierbäuchigen Mann erlaubten, ohne Gesichtsverlust mit heiligem Ernst an den Wettkämpfen teilzunehmen.

Nur ein snobistischer kontinentaler Ignorant, wie ich, kann das komisch finden. Ich hütete mich aber, mir das anmerken zu lassen, um keinen Ehekrach zu provozieren. Denn unpassend zu lachen, kann leicht als antischottisches Sakrileg aufgefasst werden.

Wenn ich heute pipes-and-drums-Musik höre, lache ich auch nicht, sondern flüchte.

8. Existenzprobleme

Eine weltweit einzigartige Fähigkeit besitzt jeder Schotte, der sich darum bemüht: Er sieht wirklich - und kann das auch beschwören - etwas, wo es nichts zu sehen gibt, und er kann genauestens, wie viele andere, beschreiben, was er für eine nichtexistierende Existenz gesehen hat. Diese Chimäre heißt Nessie und wohnt in Loch Ness, einem See, den sonst keiner kennen würde. Immerhin haben die Schotten ein Museum für Nessi, also für ein Hirngespinst, und dieses Museum nimmt sich tatsächlich ernst und darf damit als kulturelle Lachnummer von internationalem Rang gelten.

Weniger bekannt ist, dass in Schottland tatsächlich Existierendes manchmal inexistent erscheint. Nur intensive Suche fördert schließlich etwas zu Tage, an dessen Existenz man trotz mancher

Beweise zu zweifeln begonnen hatte. So erging es uns mit einem Hotel.

Die meisten schottischen Hotels haben irgendeine spezielle Eigenart: Die Zimmer sind sehr klein oder überdimensioniert, in einem eher beengten Badezimmer steht ein riesiger Whirlpool, die Einrichtung hat musealen Charakter usw. Das alles ist aber nicht so außergewöhnlich wie das Hotel in Aberdeen, das vom Erdboden verschwunden schien.

Wir hatten ein Zimmer in einem Hotel mit unmittelbar daneben liegendem privatem Parkplatz gebucht, im Zentrum von Aberdeen gelegen. Die richtige Adresse war schnell gefunden, wenn auch schwierig zu erreichen. Nach einiger Kurverei standen wir vor der Straße, aber ein Schild machte uns deutlich: Durchfahrt verboten, also war diese Straße in Gegenrichtung eine Einbahnstraße. Die Suche nach dem anderen Straßenende gestaltete sich etwas schwieriger, schließlich standen wir davor: Durchfahrt verboten, also war diese Straße in Gegenrichtung eine Einbahnstraße.

„Wie kann eine Einbahnstraße zwei Richtungen haben?", wunderte sich meine Frau.

„Wenn in der Mitte unserer Straße eine andere Straße einmündet, und man von dort aus nach links oder nach rechts auf einer Einbahnstraße weiterfährt. Wir müssen also die Straße finden, die in unsere einmündet."

Tatsächlich fanden wir auf der Karte eine Straße, die in unsere einmündete. Als wir diese erreicht hatten, diesmal erst nach geraumer Zeit, mussten wir feststellen: Durchfahrt verboten, also war diese Straße in Gegenrichtung eine Einbahnstraße.

Das Hotel lag also in einem Bereich, in den keiner hineinfahren, aber jeder hinausfahren konnte, es lag sozusagen am logischen Unzugänglichkeitspol.

Daraufhin änderten wir unsere Taktik: Da wir das Hotel nicht mit dem Auto erreichen konnten, mussten wir es eben zu Fuß versuchen. Wir fuhren wieder an ein Einbahnstraßenende, leider gab es dort keine Parkplätze. Meine Frau blieb im Halteverbot im Auto sitzen, ich ging in die beidseitige Einbahnstraße. Dort musste das Hotel ungefähr in der Mitte liegen. Doch da stand ein größeres Geschäft, kein Hotel. Ich überprüfte nochmal die Straße und die Hausnummer: Kein Zweifel, hier musste das Hotel sein. Im Geschäft fragte ich nach und man zeigte mir eine schmale Tür mit dem Namen des Hotels. Hinter der Tür ging es treppab ins Dunkle.

Ich stieg zwei Treppen hinab und befand mich dann in einem schwach erleuchteten Gang, an dessen Ende ein Schild mit der Aufschrift „Rezeption" stand. Ich meldete uns an und bat darum, das Zimmer sehen zu können. Meine Befürchtung, dass es sich innerhalb dieser Katakomben um einen fensterlosen Bunkerraum handeln könnte, erwies sich als grundlos. Es war ein helles Zimmer mit großem Fenster. Die Zimmer lagen alle in Hanglage, waren aber nur unterirdisch zu erreichen.

Es blieb das Rätsel der Lage des Parkplatzes, das seine Lösung darin fand, dass er am unteren Ende des Steilhangs lag, an dem eine vierspurige Schnellstraße vorbei führte. „Hinter der Brücke der Schnellstraße müssen Sie abbiegen, um auf den Parkplatz zu gelangen!", wurde mir erklärt.

Erleichtert lief ich zurück zur wartenden Ehefrau, die nun ihrerseits verschwunden war. Es dauerte einige Zeit, bis sie wieder auftauchte.

„Ich bin schon mehrmals um die City gefahren und zuletzt auf eine Schnellstraße geraten, die mich zu einem großen Umweg gezwungen hat!", beschwerte sie sich.

„Toll! Genau da müssen wir wieder hin!", und ich erklärte ihr die Zusammenhänge.

Auf der Schnellstraße hinter der Brücke gab es allerdings keine Abfahrt, wir versuchten es erneut, wieder war keine Abfahrt zu finden. „Dieses Hotel ist ein Phantom, wie Nessie! Bist du sicher, dass es existiert?", fragte meine Frau zweifelnd. Das war ich, aber den Zugang zum Parkplatz fand ich auch nicht. Also wieder zur Einbahnstraße ins Halteverbot, von da ins Hotel durch die Katakomben bis zum unteren Ausgang, wo der Parkplatz lag. Dort stellte ich fest, dass es keine eigene Abfahrt gab, sondern dass man von der Fahrbahn der Schnellstraße direkt durch eine Zaunlücke auf den hoteleigenen Parkplatz gelangte. Uns war es dann egal, dass hinter uns ärgerlich gehupt wurde, als wir auf der Schnellstraße bis zum Schritttempo abbremsten, um auf den Parkplatz zu gelangen. Immerhin hatten wir damit das Rätsel gelöst.

Zur Erholung gingen wir danach gegenüber vom Hotel in die Kirche, die auch nicht existierte, weil in deren Innern eine riesige Kneipe war. Dort philosophierten wir so lange bei realen Getränken über die unterschiedlichen Wahrnehmungen von Existenz in Schottland, bis wir selbst mit der Wirklichkeit nicht mehr ohne Probleme zurechtkamen.

9. Verbündete

Die Schotten haben zwar nicht ihre staatliche Unabhängigkeit vor den übermächtigen Engländern bewahren können, jedoch blieb ihre kulturelle Identität erhalten.

Die Römer eroberten nie Schottland. Warum nicht?

Eine englische Masseneinwanderung fand nicht statt. Warum nicht?

Die Historiker führen wirtschaftliche Argumente ins Feld, sie bemühen den besonderen Volkscharakter der Schotten, aber das sind Erklärungen, die dann abgegeben werden, wenn man keine Erklärung hat.

Vielmehr haben die Schotten einen natürlichen Verbündeten, den Wissenschaftler nicht wahrnehmen, zumindest in wissenschaftlichen Analysen unterschlagen, wohl aber betonen werden, wenn sie von ihrer eigenen Reise nach Schottland im privaten Rahmen erzählen. Denn jeder hat die unübersehbare, von allen gefürchtete Armee am eigenen Leibe gespürt, und Flucht war oft zwecklos, man wurde bis aufs Blut gepiesakt: Es handelt sich um die Milliardenheere der midges, der winzigen Stechmücken.

Midges sind nicht immer und überall da, aber manchmal überall, und immer irgendwo. Sie überfallen einen vorzugsweise beim Picknick, so dass sogar der schönste Appetit verschwindet: Man rafft alles zusammen und verlässt panikartig die Szene, schlägt noch im Auto wild um sich, erlegt auch viele Feinde, jedoch längst nicht alle, und am Abend kann man Wetten darüber abschließen, wer am nächsten Morgen mehr rötlich geschwollene Stiche vorweisen kann.

Besonders an warmen Sommerabenden verseuchen sie jeden Versuch des ruhigen

Genießens, sie sorgen für Hektik und schlechte Laune, so dass man sich wieder schlechtes Wetter wünscht, weil die midges dann weniger aktiv sind, wahrscheinlich stellen sie sich dann gerade irgendwo unter. Insofern ist in Schottland schlechtes Wetter gutes Wetter.

Nun ist es nicht so, dass die midges die Schotten mit ihren Attacken verschonen. Aber die Schotten gehen damit anders um.

Das Verhältnis von Schotten gegenüber den Millionen Plagegeistern wurde uns klar durch einen Wanderer, der wochenlang allein, nur von seinem Hund begleitet, abgelegene Gebiete der Highlands durchstreifte, weitgehend von dem lebte, was ihm die Natur bot, und sich unterwegs jeden Abend einen neuen Schutz für die Nacht suchte. Ich fragte ihn, wie er das Problem der midges löse.

Er sah mich stirnrunzelnd an und antwortete: „Welches Problem? Die midges gehören genauso gut zu Schottland, wie ich. Ich nehme mir alles von der Natur, von der sie ein Teil sind, um mich davon zu ernähren. Die midges als Teil der Natur haben daher auch das Recht, sich von mir zu ernähren. Ich finde, dass dies ein faires Abkommen unter Schotten ist."

Ich bin mir sicher, dass ich den politischen Grundsatz „pacta sunt servanda", also „ Verträge muss man einhalten!" in diesem Fall nicht befolgt hätte. Da ich kein Abkommen getroffen habe, schlage ich weiter tot – oder fliehe.

10. Selbstversuch

Schottland hat im Wesentlichen zwei bekannte Exportschlager: Erdöl und Whisky.

Das vor der schottischen Küste geförderte Erdöl ist ein wichtiger Devisenbringer, noch wichtiger scheint seine ideologische Rolle zu sein: Das Erdöl wird in wirtschaftlicher und finanzieller Hinsicht als Garant für die Existenz eines zukünftigen eigenständigen schottischen Staates gesehen. Bis zur Eigenstaatlichkeit, die nach dem Referendum in weite Ferne gerückt oder nun vollends utopisch ist, wird den Engländern jedoch vorgeworfen, sich schamlos an diesem nationalen schottischen Eigentum zu bereichern. Diese Ausbeutung hat nach schottischer Auffassung eine jahrhundertealte Tradition, die auch schon seit Jahrhunderten nach Rache schreit.

Nur so kann ich mir die Erfindung des Whiskys plausibel erklären: als eine Racheaktion an allen, die den Schotten missgünstig gesonnen sind, und das sind alle anderen, vielleicht mit Ausnahme der Iren und der Amerikaner, die beide selbst Whisky nebst einem Verfolgungssyndrom produzieren.

Warum aber wird Whisky in so viele Länder exportiert bzw. von so vielen Ländern freiwillig importiert?

Wir wollten uns selber ein Bild machen, um diese Frage beantworten zu können. Deswegen besuchten wir eine der zahllosen Whisky-Destillerien. Zunächst wurden wir durch eine Anzahl von Räumen mit Speichern, Becken, Rohren, Wannen und Maschinen geschleust, deren Funktion ich im nächsten Raum schon wieder vergessen hatte. Schließlich betraten wir einen imposanten Raum mit Holzfässern, und die Spannung stieg, weil nun die angekündigte

Verkostung mehrerer verschiedener Whiskys erfolgte. Vier Gläser mit einer wasserklaren bis uringelben Flüssigkeit, die wegen ihrer Kostbarkeit gerade den Boden bedeckte, durften nach einer Erklärung über den einmaligen Geschmack nacheinander mit Kennermiene und lobendem Kopfnicken geleert werden, wobei sofort danach eine Fachsimpelei über die unterschiedlichen Nuancen der Genüsse einzusetzen hatte.

Diese Verkostung gehört zu den freiwillig bezahlten Torturen, denen ich mich unterworfen habe. Selbst meine wahlschottische Ehefrau weigerte sich mit den Worten „Noch ein Glas Benzin trinke ich nicht!", weiter an dieser Veranstaltung zur Vernichtung der Geschmacksknospen teilzunehmen und schob mir ihre drei Gläser zu. Ich schob sie gleich weiter an einen wie ein lebendes Bilderbuch tätowierten Deutschen, der zufrieden grunzend den Daumen hob. Mit eisernem

Willen probierte ich alle Sorten durch, bis meine Mund- und Halspartie wie Feuer brannten.

Der Selbstversuch brachte mich keinen Schritt weiter bei der Klärung der Frage, wieso Whisky in anderen Ländern freiwillig getrunken wird. An der Güte des Geschmacks kann es jedenfalls nicht liegen. Vielleicht ist Whisky das ultimative Getränk für Genussmasochisten, davon scheint es viele zu geben.

Ich jedenfalls konnte den schottischen Frontalangriff trotz einiger Blessuren erfolgreich abwehren. Ich weigerte mich auch andere Lebensmittel mit Whisky-Beimengungen, wie Whisky-Marmelade oder Whisky-Schokolade, im Touristenshop zu erwerben.

Später sollte sich zeigen, dass dies nur ein Scheinerfolg war.

11. Lonesome Rider

Wir hatten vor, vom nordöstlichen Ende der schottischen Halbinsel auf die Orkney-Islands überzusetzen, vorher jedoch abends im entlegenen Fährhafenort irgendwo zu übernachten. Normalerweise stellt das kein Problem dar, es gibt im Verhältnis zur überschaubaren Anzahl der Tagestouristen ein ausreichendes Angebot an Übernachtungsmöglichkeiten.

Als wir am Spätnachmittag ankamen, stellte sich die Situation anders dar: Wegen zu hohen Seegangs war die Fähre am Vortag nicht gefahren. Die Tagesgäste mussten einen Tag warten und blockierten fast sämtliche Übernachtungsmöglichkeiten für die Neuankommenden, also auch für uns.

Wir wurden mehrere Male freundlich abgewiesen, bis uns ein Landlord die Adresse von Vermietern verriet, die möglicherweise noch Platz hätten. Wir sollten jedoch, wenn nichts zu erreichen war, nochmal bei ihm vorsprechen. Wir fuhren voller Hoffnung zur angegebenen Adresse, erfuhren dort aber von einem weiblichen Gast, dass das Vermieterehepaar, von dem ihr nur die zwei Vornamen Jim und Helen bekannt waren, aus war zum Essen.

Zum Glück gab es im Ort nur zwei Restaurants. Ich marschierte also in den Speiseraum des ersten und fragte laut die irritierten Gäste, ob Jim und Helen anwesend seien. Erfolg hatte ich erst im zweiten, wo sich die beiden zu erkennen gaben und mich fragten, wie ich an ihre Vornamen käme. Ich erklärte die Zusammenhänge, aber ein freies Zimmer hatten sie auch nicht.

Nun war es Zeit die Notbremse zu ziehen, wir kehrten zum Landlord zurück und erläuterten ihm nochmal unsere Zwangslage. Dieser erklärte uns daraufhin, er werde uns jetzt zu seiner Oma bringen. Die würde auch Zimmer vermieten, vorausgesetzt, dass sie einer überhaupt finden würde, so abgelegen wohne sie. Deswegen müsse er uns dorthin geleiten.

Dann fuhren wir eine gute halbe Stunde hinter ihm her über Nebenstraßen und schließlich über stockdunkle Feldwege.

Meiner Frau kamen Bedenken: „Und wenn die Oma gar nicht existiert und er was anderes vorhat? Weißt du überhaupt noch, wo wir sind?"

Ich hatte keine Ahnung.

„Wenn er was anderes vorhätte, wäre er nicht so weit gefahren, schließlich sind Schotten sparsam!" antwortete ich lahm und auch mir kamen Bedenken.

Ehe ich diese vertiefen konnte, bogen wir um eine Kurve und vor uns lag ein stattliches Holzhaus, vor dessen beleuchtetem Eingang uns eine sehr kleine, dünne alte Dame erwartete und uns beim Aussteigen einen guten Abend wünschte. Ich hätte sie küssen können.

Nachdem wir erleichtert unser Zimmer bezogen hatten, wurden wir ins Wohnzimmer zu einer Tasse Tee geladen: Dort war noch ein weiterer Gast zugegen, Marco. Zur Feier des Tages öffneten wir festländischen Weißwein, den wir noch im Auto verstaut hatten, und nach einiger Ziererei trank auch die Oma kräftig mit. Marco erzählte uns, dass er vor vier Tagen mit seinem einem Moped ähnlichen Motorrad in Madrid aufgebrochen sei, jeden Tag von 5 Uhr morgens bis zum Dunkelwerden unterwegs sei, sich heute Abend in der Dunkelheit leider verfahren habe und nur deswegen hier sei. Es dauerte noch eine halbe Flasche Wein, bis er begriff, dass sein Irrtum ein glücklicher Zufall war. Wir fragten ihn, wie lange er hier bleiben wolle.

„Morgen geht es ab 5 Uhr zurück. Ich will mich aber heute noch rasieren. Können Sie mir ein Kabel mit Mann am Ende leihen?"

Ich schaute ihn verständnislos an.

„Ich habe nur ein Kabel mit Frau am Ende, ich brauch aber Mann", und er machte eine unmissverständliche obzöne Handbewegung.

Meine Frau begriff schneller als ich: „Der meint Steckdose und Stecker!"

Am nächsten Tag, als wir bei regnerischem Wetter zur Fähre fuhren, war er bereits seit drei Stunden unterwegs nach Madrid.

Hoffentlich ist er dort gut angekommen.

12. Falsche Zeit, falsches Geld

Die Überfahrt von Schottland nach Irland war mit der Fähre geplant. Die Anfahrt zum Hafen war kurz, daher waren wir recht früh da. An der Einfahrt zeigte ich unsere im Internet gekauften Karten für die Überfahrt. Nach einer längeren Prüfung der Fahrscheine winkte man uns aus der Reihe. Das kam mir bekannt vor und erzeugte in mir ein ungutes Gefühl. Und tatsächlich: Man ließ uns nicht durch mit der Begründung, die Fahrkarten seien ungültig. Das war mir vollständig unverständlich und das brachte ich auch lautstark zum Ausdruck. Nach einigem Palaver stellte sich heraus, dass die Fahrscheine einen Monat früher gültig gewesen waren: Ich hatte im Internet das falsche Datum angegeben. Jetzt mussten wir wohl die Überfahrt nach Irland mit unserem schottischem Bargeld bezahlen, dennoch würde genügend übrig bleiben.

Nach den ersten Tagen, die recht teuer waren, hatten wir ja enorm viel Bargeld abgehoben. Wir lebten in der Vorstellung, den Rest an schottischem Geld wieder umtauschen zu können. Uns fehlten aber einige wichtige Informationen:

Man muss wissen, dass die Schotten für ihren Staat, den es nicht gibt und den die meisten auch nicht wollen, eine eigene Währung eingeführt haben, die alle Schotten wollen, außer ihnen aber kein anderes Land. Die Währung ist eigentlich identisch mit der englischen, aber sie wird von einigen schottischen Großbanken, die sich als geduldete Geldfälscher betätigen, auf bunten Zetteln als schottische Währung unter die Leute gebracht. In Schottland kann man also mit englischem Geld einkaufen, mit schottischem Geld aber nicht in England oder anderswo, auch Fähren nehmen nur englische Währung oder € entgegen, offensichtlich trauen sie den bunten schottischen Zetteln nicht. Wir mussten den Fahrpreis in € entrichten.

Was sollten wir jetzt mit den ganzen Mengen an schottischem Bargeld machen? Da blieb nur eins: verprassen, verschleudern, auf den Kopf hauen, sinnlos ausgeben - und zwar so schnell, wie möglich. Es ist schon eigenartig, wenn die Höhe der Ausgaben davon abhängt, dass man sein gesamtes Bargeld los werden will. Und dann kauft man Waren, die man eigentlich nicht will: Whisky, Whisky-Schokolade, Whisky-Marmelade in allen Variationen und CDs mit Dudelsackmusik.

Damit hatten wir auf einen Schlag für 20 Leute Souvenirs gekauft und uns selbst mit einem jahrelangen Vorrat versorgt, der später ebenfalls verschenkt wird, weil wir ihn nicht essen, trinken oder etwas davon anhören.

Aber an die perfekte Reise nach Schottland werden wir uns dann wieder erinnern.

13. Minikreuzfahrt nach Schottland

Was kann einen einigermaßen mit Vernunft begabten Mitteleuropäer dazu bringen, Anfang Dezember eine „Minikreuzfahrt" nach Schottland zu unternehmen?

Diejenigen, die davon hörten, dass Hildy und ich das vorhatten, führten dagegen alle möglichen Argumente ins Feld: Die ganze Reise mit 5 Tagen Dauer sei für die Entfernung zu kurz, die An- und Abreise zum Fährhafen Ijmuiden mit jeweils 250 km sei zu lang, die Überfahrt jeweils nachts über die Nordsee nach Nord-England bis Newcastle und wieder zurück könne wegen der Stürme ungemütlich werden, die Fahrt von Newcastle bis zum gebuchten Hotel nördlich von Edinburgh mit wiederum 250 km für eine Strecke sei zu lang und zu gefährlich, wobei man von der Qualität des Hotels und des eingeschlossenen Frühstücks negativ überrascht werden könnte, das Wetter sei zu schlecht , die Tage zu kurz, die Sehenswürdigkeiten geschlossen, kurz: Es handle sich um ein Vorhaben für Halb- bis Vollends-Verrückte, die auf die verzweifelte Reklame einer Schiffsreederei, mit dem lachhaften Begriff „Minikreuzfahrt" ihre nahezu leere Fähre mit Fahrgästen füllen zu wollen, reingefallen wären, wobei der zugegeben niedrige Preis als Köder diene.

Gegen diese Argumente ließ sich kein vernünftiger Einwand formulieren, sie waren samt und sonders zutreffend. Verrückte kann man aber nicht überzeugen.

Nur meine Schwester Ena und mein Schwager Klaus ließen sich zu einem Akt solidarischen Wahnsinns verführen, sie fuhren mit uns, alle in ihrem PKW.

Ena versprach eine Auswahl von Lebensmitteln für alle mitzubringen. Als sie und Klaus uns abholten, gestand Ena, dass sie den Großteil der Lebensmittel vergessen hatte, weil sich beide verschlafen hatten. Es war aber immer noch eine Menge, die sie mitbrachte.

In Ijmuiden hatten wir genügend Zeit, bis zur Abfahrt der Fähre Essen zu gehen. Danach war noch keine Fähre in Sicht. In der Wartehalle, die so gemütlich war wie der Speisesaal in Alcatraz, informierte uns eine Lautsprecherdurchsage, dass das Schiff zwei Stunden später einträfe. In einem unbegreiflichen Anfall von Großzügigkeit spendierte die Schifffahrt-Gesellschaft jedem Fahrgast ein Pappbecher-Getränk, das mit einem Berechtigungsschein an einer Schmuddeltheke abzuholen war.

Vor mir fragte eine ältere Dame, ob es Milch-Kaffee gäbe. Die Bedienung reichte ihr nach kurzer Zeit einen gefüllten Pappbecher. Die ältere Dame wies auf eine noch ältere hinter sich und informierte die Bedienung, dass sie das gar nicht wolle, sondern die Dame hinter ihr hätte sie das gefragt und für diese hätte sie selbst gefragt. Die Bedienung reichte nun den Pappbecher an die zweite Dame, musste sich aber belehren lassen, dass sie die Frage nur gestellt habe, weil sie keinen Milchkaffee möge. Daraufhin bot die Bedienung mir den Pappbecher an, aber ich mag auch keinen Milchkaffee. Entnervt verschwand sie hinter einer Tür, wahrscheinlich um ihn selber zu trinken.

Das Schiff erschien in den folgenden zwei Stunden immer noch nicht. Wir setzten uns zum Warten in unser Auto, um im Alcatraz-Speisesaal einer kollektiven Depression bei gleichzeitig wachsender Aggression zu entgehen. Aus zunächst Hunger, dann aus Langeweile und Frust, aßen wir einen Großteil der Vorräte auf. Als das Schiff endlich nach 5 Stunden Verspätung einlief, waren wir wenigstens satt. Wir bezogen unsere Kabinen und machten uns bereit bis zum Auslaufen des Schiffes nach einer weiteren Stunde noch ein letztes Getränk zu uns zu nehmen. Da bat der Kapitän um Aufmerksamkeit für eine Durchsage, in der seine Erklärungen und Entschuldigungen darin gipfelten, dass er alle Fahrgäste zum kostenlosen Luxus-Dinner einlud.

Was macht man dann als gesundheits- und figurbewusster Senior, der nicht den geringsten Hunger verspürt?

Man geht wenigstens mal schauen, was das Buffet an Spezialitäten und Leckereien zu bieten hat.

Man entschließt sich, doch einige ausgesuchte Speisen zu probieren.

Man redet sich ein, dass der Teller nur mit Wenigem bepackt ist.

Man glaubt die eigene Lüge und geht ein zweites Mal zum Buffet.

Man redet sich ein, dass von Abnehmensschwüren die Nachspeisen ausgenommen sind.

Man fängt nochmal von vorne an, weil es jetzt sowieso egal ist.

Am Schluss spürt man ganz deutlich den Unterschied zwischen satt und vollgefressen.

Dann macht es auch nichts, wenn man noch ein paar Bier hinterher kippt.

Es war schließlich nach 1 Uhr nachts, als wir ins Bett gingen. Während der nächsten zwei Stunden wälzten wir uns hin und her in unseren Betten und konnten nicht einschlafen. Wir verfluchten die kostenlose Einladung des Kapitäns und ihn selbst, denn einer musste es ja schuld sein.

Noch am nächsten Tag waren wir so satt, dass wir erst am Nachmittag etwas essen wollten. Auf unserem Programm stand die Besichtigung der Rosslyn-Kapelle südlich von Edinburgh. Wegen der Verspätung des Schiffs und der großen Entfernung waren wir erst gegen 16 Uhr da, die Öffnungszeit ging bis 17 Uhr. Eine Stunde Besichtigungszeit ist für dieses Wunderwerk schon knapp bemessen, also wurde das Essen bis danach verschoben. Fotografieren war verboten, aber die anderen drei waren entschlossen, sich nicht an das Verbot zu halten. Ich wurde auserkoren, den Aufpasser effektiv abzulenken, damit hinter seinem Rücken unbemerkt und hemmungslos fotografiert werden konnte. Ich sprach also den Herrn an, um von ihm über das Thema „Einfluss der Freimaurer auf die Gestaltung der Kapelle" etwas zu erfahren. Das war ein Volltreffer. Der Herr erwies sich als profunder Kenner historischer, architektonischer und religiöser Zusammenhänge, die er in langen Erklärungen wie ein Wasserfall über mich ergoss. Die Drei fotografierten ungehemmt und waren schließlich fertig, mein Gesprächspartner noch lange nicht. Sogar als das Licht gelöscht war und er mit mir noch allein in der Dunkelheit stand, redete er weiter. Erst als mein Magen laut knurrte, entließ er mich in Frieden und ich konnte ins Auto, in dem die anderen Drei schon eine geraume Zeit ungeduldig und hungrig warteten.

Also schnell ins nächste Café! Einem Supermarkt angeschlossen fanden wir eins. Trotz ihres großen Hungers wollten die Frauen zunächst kurz in den Supermarkt, um die spärlichen Überreste unserer Lebensmittel aufzufüllen. Die Männer sollten derweil schon etwas im Café bestellen. Als ich bei der jungen Frau hinter der Theke bestellen wollte, antwortete sie mit einem längeren Satz offensichtlich in einem speziellen Englisch, da ich außer „15 minutes" nichts verstand. Ich glaubte dem entnehmen zu können, dass wir erst in einer Viertelstunde bestellen könnten. So lange wollte Klaus nicht warten. Er kaufte ein Sandwich, das so groß war wie eine 2€-Münze, mit einem Belag, der einer totgeschlagenen Mücke ähnelte. „Zusammen mit meiner Reserve von gestern Abend in meinem hohlen Zahn reicht das, bis wir hier etwas bekommen!", meinte Klaus. Bald erschienen die Frauen. Sie waren überrascht, dass wir noch nichts bestellt hatten. Eine erneute Befragung der Bedienung ergab, dass in „5 minutes" etwas passieren sollte. Das konnte aber keine Entgegennahme einer Bestellung sein, weil sie jedes Mal, wenn einer von uns auf ein Gericht wies, sie etwas von „tomorrow" erzählte und „5 minutes" wiederholte. Endlich begriffen wir, was sie meinte: Das Café schloss in 5 Minuten. Frustriert saßen wir kurz danach in unserem Auto. Die neu gekauften Vorräte wurden umgehend aufgezehrt.

Nach weiteren zwei Stunden hatten wir unser Hotel erreicht. Nach dem Bezug unserer Zimmer, die so riesig wie ein Ballsaal waren und in die ohne Weiteres jeweils noch fünf Personen gepasst hätten, wollten wir zum Abschluss im Pub noch etwas essen. Wir verstanden aber weder die Speisekarte noch die Bedienung, die uns die Speisen erläuterte. Schließlich einigten wir uns auf „4 pints of beer" und das mehrmals, da wussten wir, was wir bekamen, und sie, was wir wollten.

Für den Rückreisetag hatten wir uns noch einiges an Besichtigungen vorgenommen, vor allem in Newcastle. Es goss allerdings in Strömen, so dass wir alles an Besichtigung strichen und sofort zur Anlegestelle der Fähre fuhren. Dabei waren wir nicht zimperlich, was die Auswahl unserer Bezeichnungen für das Wetter anging.

Natürlich waren wir jetzt zu früh da, es blieb noch viel Zeit für ein abschließendes Mittagessen. Die Gegend um die Fähranlegestelle in Sunderland zählt nicht zu denen, deren Aussehen auf eine positive Entwicklung der englischen Wirtschaft schließen lässt. Im strömenden Regen begaben wir uns auf die Suche nach einem Restaurant oder wenigstens einer Imbissbude, aber die Reklameschilder waren nur noch nicht abmontiert, alles war geschlossen oder aufgegeben. Das war umso frustrierender, je heftiger der Regen herunter prasselte und anfing uns zu durchweichen. Endlich fanden wir eine Gaststätte, die uns trotz ihres wenig gepflegten Äußeres wie eine paradiesische Insel für Schiffbrüchige im Regenmeer erschien.

Beim Eintreten wurde uns sehr schnell bewusst, dass wir nicht die Einzigen waren, die das rettende Ufer erreicht hatten. Über 30, meist erheblich alkoholisierte Gäste, ließen sich nicht dabei stören, ihre lautstarken Geräuschabgabevariationen, wie singen, reden, lachen, rufen und unappetitliche nichtsprachliche körperliche Mitteilungen ungehemmt von sich zu geben. Ich brüllte also einen Gast an, ob es hier etwas zu essen gäbe. Er wies wortlos auf einen Tisch, der neben der Theke stand. Tatsächlich: Da war ein einladendes Minibuffet aufgebaut, ein Topf mit gekochtem Reis, Bolognese-Soße, mit Papptellern und Plastikbestecken. Noch während sich die anderen an einen Tisch setzten, schaufelte ich mir schon eine ordentliche Portion auf den Pappteller, der sich unter dem Gewicht so bog, dass ich ihn mit zwei Händen tragen musste.

In diesem Augenblick hörte ich eine keifende Stimme, die offensichtlich mir galt: „Was trinken Sie?" Es war die Wirtin.

„Danke, im Moment nichts!" Ich hatte sowieso die Hände voll.

„Sie müssen jetzt etwas trinken! Sie essen ja auch etwas!", schrie sie nun merklich lauter.

Das begriff ich nicht. Ging die Fürsorge der Gastwirtin so weit, dass sie sich über meine Verdauung Gedanken machte?

„Dann bitte ein Glas Wasser!", gab ich nach.

„Wasser reicht nicht! Bier oder Limo!" Ihr Kreischen übertönte den Lärm in der Kneipe. Einige Gäste begannen interessiert zuzuhören.

Das war mir zu viel Bevormundung. „Mir reicht Wasser aber!", antwortete ich tapfer.

Ich hätte nicht gedacht, dass die Wirtin in der Lage war, ihre Lautstärke noch nahezu zu verdoppeln. „Mir aber nicht! Entweder Bier oder Limo, oder es gibt kein Essen. Das gilt auch für die anderen!" Durch das beifällige Gemurmel der Zuhörerschaft konnte ich die Ernsthaftigkeit dieser Drohung nicht bezweifeln. Was sollten diese gesundheitsdiktatorischen Maßnahmen? Ich sah ein, dass eine Diskussion zwecklos war und bestellte Limo, die randvoll in riesigen Gläsern geliefert wurde, das gewünschte Glas Leitungswasser wurde mitgeliefert. 80 Cent kostete ein Riesenglas dieser Limo, ein lächerlicher Preis. Jeder nahm aber nur einen Schluck, danach keiner mehr einen zweiten. Für einen Schluck waren 80 Cent wiederum ein hoher Preis, aber jetzt war allen erlaubt, stattdessen Wasser zu trinken. Während die Lärmwellen in mein Ohr brandeten, überlegte ich, um welchen Initiationsritus es sich wohl handeln könnte, kam aber zu keinem Ergebnis.

Bevor wir aufbrachen, wollten wir bezahlen. Die Wirtin verlangte von jedem 80 Cent. „Und das Essen?", fragte ich. „Wenn Sie hier Gast sind, sind die Speisen kostenlos, sie sind ja durch die Limo unser

Kunde geworden." Ein geniales Geschäftsprinzip: Damit die Säufer erst gar nicht in die Versuchung kommen, nach Hause zu gehen, um dort zu essen und dann nicht mehr zur Kneipe zurückzukehren, wird das Essen für die saufende Kundschaft zentral in der Kneipe kostenlos zur Verfügung gestellt. Mit einer Limo waren wir in den Status der Permanenttrinker katapultiert worden, die Anrecht auf ein kostenloses Mittagessen hatten.

An der Fähranlegestelle waren wir das einzige Auto, das in der Wartespur stand, um auf die Fähre zu gelangen, wahrscheinlich weil es immer noch sehr früh war. Dennoch wurden wir unverzüglich auf die Fähre gelassen. Wir freuten uns, dass wir so früh unsere Kabine beziehen konnten. Wir hatten sie gerade betreten, als die Fähre ablegte. Wir waren also nicht früh auf die Fähre gefahren, sondern als Letzte kurz vor dem Ablegen.

Der Grund war, dass wir bei der Angabe der Abfahrtszeit von der Ortszeit ausgegangen waren, die Reisegesellschaft uns aber die mitteleuropäische Zeit genannt hatte. Was hatte uns vor der Katastrophe bewahrt, die Fähre zu verpassen? Das schlechte Wetter, wegen dem wir alle Besichtigungen gestrichen hatten. So , wie wir vorher über das Wetter geflucht hatten, so priesen wir es jetzt.

Wenn wir die Fähre verpasst hätten, wären wir wahrscheinlich Dauergäste in der Hafenkneipe geworden.

Aber Minikreuzfahrten haben ihre eigenen Gesetze...